GUIDE

DES

SECRÉTAIRES DE MAIRIES

CONTENANT

DIVERS INTITULÉS & MODÈLES D'ACTES DE L'ÉTAT CIVIL

PAR

J^h-C^tin MARCHAL

Ancien Commis-Greffier du Tribunal de Neufchâteau

Ancien Secrétaire de Mairie

PRIX : 1 FRANC

NEUFCHATEAU

GONTIER-KIENNÉ, LIBRAIRE-ÉDITEUR, PLACE JEANNE-D'ARC

1897

GUIDE

DES

SECRÉTAIRES DE MAIRIES

———✳———

GUIDE

SECRÉTAIRES DE MAIRIES

CONTENANT

DIVERS INTITULÉS & MODÈLES D'ACTES DE L'ÉTAT CIVIL

PAR

J^h-C^{tin} MARCHAL

Ancien Commis-Greffier du Tribunal de Neufchâteau

Ancien Secrétaire de Mairie

PRIX :  1 FRANC

NEUFCHATEAU

GONTIER-KIENNÉ, LIBRAIRE-ÉDITEUR, PLACE JEANNE-D'ARC

—

1897

Observations générales

Les actes de l'état civil doivent être inscrits sur les registres sans interruption de ligne. Il n'y sera rien écrit par abréviation, et aucune date ne sera mise en chiffres.

(Art. 42 du Code civil).

Les surcharges, interlignes et les grattages sont formellement interdits, les ratures sont admises, les mots rayés et les renvois seront approuvés en marge de l'acte ou par acte séparé, puis signés par les parties figurant dans l'acte.

GUIDE PRATIQUE

DES

Secrétaires de Mairies

Modèle d'acte de naissance d'un enfant légitime. **N⁰ 1**

L'an mil...., le .... à .. heure du .... Devant nous ...., maire et officier de l'état civil de la commune de B. *ou* devant nous ...., adjoint, remplissant par délégation spéciale du maire *ou* remplissant, par suite de démission *ou* pour cause de décès du maire, les fonctions d'officier de l'état civil de la commune de B., arrondissement de ...., département de ...., étant en la maison commune, est comparu Daniel Bégin, âgé de vingt-six ans, maçon, domicilié à B., lequel nous a déclaré que cejourd'hui (quantième) *ou* le jour d'hier *ou* avant-hier (quantième du mois), à .. heure du ...., Emilie Giron, âgée de vingt-quatre ans, sans profession, son épouse, est accouchée dans son domicile en cette commune, d'un enfant du sexe .... qu'il nous a présenté et auquel il a déclaré vouloir donner le *ou* les prénoms de .... Les dites déclaration et présentation faites en présence de (prénoms, nom, âge, profession et domicile des deux témoins, parents *ou* non parents des père et mère de l'enfant). En foi de quoi nous avons écrit le présent acte sur les deux registres à ce destinés et que les déclarant et témoins ont signé avec nous, après lecture et collation.

Il faut quatre signatures.

Les déclarations de naissance doivent être faites, dans les trois jours de l'accouchement, à l'officier de l'état civil du lieu.

(Art. 55 du Code civil).

N° 2

Autre modèle d'acte de naissance d'un enfant légitime.

L'an mil...., le (*même intitulé que l'acte n° 1*), est comparue Gabrielle Simon, âgée de vingt-huit ans, sage-femme, domiciliée à ...., laquelle nous a déclaré que — (tel jour, à telle heure du ...., (prénoms, nom, âge, profession de l'accouchée) — épouse de (prénoms, nom, âge, profession du mari), tous deux domiciliés à ....., ce dernier actuellement absent pour l'exercice de sa profession *ou* de son commerce, est accouchée dans son domicile en cette commune, d'un enfant du sexe .... qu'elle nous a présenté et auquel elle a déclaré vouloir donner le *ou* les prénoms de .... *La suite de l'acte comme l'indique la formule n° 1.*

N° 3

Modèle d'acte de naissance d'un enfant né hors du domicile de ses père et mère.

L'an mil...., le (*même intitulé que l'acte n° 1*), est comparu Claude-Victor Sarrien, âgé de cinquante ans, cultivateur, domicilié à B., lequel nous a déclaré que — (tel jour, à telle heure du ...., (prénoms, nom, âge, profession), sa fille ou sa belle-fille, épouse de (prénoms, nom, âge, profession), tous deux domiciliés à D., est accouchée dans le domicile dudit comparant en cette commune, d'un enfant du sexe .... qu'il nous a présenté et auquel il a déclaré vouloir donner le *ou* les prénoms de .... *La suite de l'acte comme l'indique la formule n° 1.*

Autre modèle d'acte de naissance.

N° 4

L'an mil...., le (*même intitulé que l'acte n° 1*), est comparu Claude-Victor Sarrien, âgé de cinquante ans, cultivateur, domicilié à B., lequel nous a déclaré que — (tel jour, à telle heure du ...., (prénoms, nom, âge, profession et domicile de l'accouchée), sa fille ou sa belle-fille, veuve de (prénoms, noms), de son vivant (profession) domicilié à où il est décédé le (indiquez le quantième du mois et l'année), est accouchée dans le domicile dudit comparant en cette commune, d'un enfant du sexe .... qu'il nous a présenté et auquel il a déclaré vouloir donner le *ou* les prénoms de .... Les dites déclaration et présentation faites en présence de (deux témoins, parents *ou* non parents des père et mère de l'enfant). En foi de quoi nous avons écrit le présent acte, etc.

Autre modèle d'acte de naissance.

N° 5

L'an mil...., le (*même intitulé que l'acte n° 1*), est comparu Jules Melcion, âgé de .... ans (profession), domicilié à C., présentement à B., lequel nous a déclaré que (tel jour, à telle heure du ....), Marie-Julie Lemaire, âgée de .... ans (profession), son épouse, domiciliée avec lui, est accouchée en cette commune dans le domicile de Jean-Baptiste Lemaire, son père, âgé de .... ans, (profession, *ou* bien dans le domicile de Virginie Rasquin, sa mère, âgé de .... ans, profession, veuve de Jean-Baptiste Lemaire), d'un enfant du sexe .... qu'il nous a présenté et auquel il a déclaré vouloir donner le *ou* les prénoms de .... *Le surplus de l'acte comme l'indique la formule n° 1.*

Nᵒ 6

Modèle d'acte de naissance d'un enfant naturel reconnu par la mère.

———

Avant de procéder à la rédaction de l'acte ci-contre, l'officier de l'état civil demandera à la personne qui fait la déclaration si la jeune mère reconnaît pour le sien l'enfant qu'elle a mis au monde.

L'an mil...., le (*même intitulé que l'acte nᵒ 1*), est comparu Charles Leduc, âgé de .... ans, (profession et domicile), lequel nous a déclaré que (tel jour, à telle heure du ....), Joséphine-Aline Leduc, âgée de .... ans (profession), célibataire, sa fille, domiciliée à .... *ou* bien est comparue Gabrielle Simon, âgée de vingt-huit ans, sage-femme, domiciliée à ...., laquelle nous a déclaré que tel jour, à telle heure du ...., Joséphine-Aline Leduc, âgée de .... ans, profession, domicile, célibataire, fille de Charles Leduc, âgé de .... ans, profession, et de Aimée Legros, âgée de .... ans, profession, son épouse, tous deux domiciliés à .... (si l'accouchement a eu lieu chez une autre personne, indiquez les prénoms, nom, âge, profession et domicile de cette personne) est accouchée (dans le 1ᵉʳ cas) dans le domicile de son père sus-nommé, (dans le 2ᵉ cas) dans le domicile de ses père et mère sus-désignés, d'un enfant du sexe .... qu'il *ou* qu'elle nous a présenté et auquel il *ou* elle a déclaré vouloir donner le *ou* les prénoms et nom de .... Leduc.————

A l'instant, nous, officier de l'état civil, nous sommes transporté dans le domicile où l'accouchement a eu lieu, où étant, nous avons demandé à la dite Joséphine-Aline Leduc si elle reconnaissait pour être le sien, l'enfant ci-dessus dénommé et qualifié, et sur sa réponse affirmative, nous nous sommes retiré en la maison commune où nous avons écrit le présent acte sur les deux registres à ce destinés en présence de (prénoms, nom, âge, profession et domicile des deux témoins, parents *ou* non parents de la mère de l'enfant), lequel acte a été signé par le *ou* la comparante, la mère du dit enfant, les témoins et nous, après lecture et collation.

Il faut cinq signatures.

——————

Modèle d'acte de naissance d'un enfant naturel reconnu par ses père et mère.

N° 7

L'an mil...., le (*même intitulé que l'acte n° 1*), est comparu (prénoms, nom, âgé de .... ans) — *un jeune homme de 18 ans révolus peut se reconnaître le père d'un enfant nouveau-né* —, profession, domicilié à ...., lequel nous a déclaré que — (tel jour, à telle heure du ...., (prénoms, nom), âgé de .... ans, célibataire, (profession et domicile), fille de (prénoms, âge, profession et domicile de ses père et mère, s'ils existent), est accouchée (dans le domicile de ses parents sus-nommés, *ou* dans le domicile du comparant, *ou* dans le domicile d'une autre personne avec indication de ses prénoms, âge et profession), d'un enfant du sexe .... qu'il nous a présenté et dont il se reconnaît le père, et auquel il a déclaré vouloir lui donner le prénom *ou* les prénoms de .... et le nom de ....

En ce qui concerne la mère de l'enfant, reprendre la formule précédente : à l'instant, nous, officier de l'état civil, etc. (Indiquez la présence des deux témoins, parents *ou* non parents au père et à la mère de l'enfant, lequel acte a été signé par le comparant, la mère du dit enfant, les témoins et nous, après lecture et collation.

Il faut cinq signatures.

Autre modèle d'acte de naissance.

N° 8

L'an mil...., le (*même intitulé que l'acte n° 1*), est comparu — (prénoms, nom, âgé de .... ans, (artiste lyrique, vannier ambulant, etc.), — domicilié à .... *ou* sans domicile fixe, de passage à ...., lequel nous a déclaré que — (tel jour, à telle heure du ...., (prénoms, nom, âge, profession), — son épouse, est accouchée dans sa voiture située sur la place publique de cette commune, *ou* dans le domicile de .... (prénoms, nom, âge, profession), d'un enfant du sexe .... qu'il nous a présenté et auquel il a déclaré vouloir donner le prénom *ou* les prénoms de .... Les dites déclaration et présentation faites, *la suite de l'acte comme l'indique la formule nº 1*.

Si c'est une naissance d'un enfant naturel, se reporter aux formules nᵒˢ 6 ou 7, selon le cas.

N° 9   Autre modèle d'acte de naissance.

Acte de naissance d'un enfant né d'un père étranger non naturalisé français.

L'an mil...., le (*même intitulé que l'acte nº 1*), est comparu (prénom, nom, âge, profession et domicile) sujet italien, suisse, belge, etc., domicilié à ...., né à ...., lequel nous a déclaré que — (tel jour, à telle heure du ...., (prénoms, nom, âge, profession), son épouse, est accouchée dans son domicile audit .... d'un enfant du sexe .... qu'il nous a présenté et auquel il a déclaré vouloir donner le *ou* les prénoms de .... Les dites déclaration et présentation faites, *la suite de l'acte comme l'indique la formule nº 1*.

NOTA. — Aussitôt l'acte régularisé, adressez un extrait littéral du dit acte sur papier libre, pour service administratif, à M. le Sous-Préfet de l'arrondissement qui le transmettra au Consul de France représentant l'une ou l'autre des nations sus-indiquées.

N° 10   Modèle de reconnaissance d'un enfant naturel né antérieurement à l'année courante.

La reconnaissance de plusieurs enfants peut se faire par un seul acte, en commençant par le plus âgé.

L'an mil...., le (*même intitulé que l'acte nº 1*), est comparue (prénoms, nom, âge, profession, célibataire, domicile), laquelle nous a déclaré reconnaître pour son enfant naturel, à l'effet de lui conférer les droits que la loi accorde aux enfants naturels reconnus, (prénoms et nom de l'enfant), né à . . . ., le . . . ., ainsi qu'il résulte de son acte de naissance inscrit le . . . . sur les registres de l'état civil de cette commune que nous avons vérifiés à l'instant même (*ou* bien né à . . . . le . . . . ainsi qu'il résulte de son acte de naissance inscrit le . . . . sur les registres de l'état civil de la dite commune et dont un extrait nous est représenté [a]). La dite déclaration faite en présence de (prénoms, âge, profession et domicile de deux témoins, parents *ou* non parents de la mère de l'enfant). En foi de quoi nous avons écrit le présent acte sur les deux registres à ce destinés et que la déclarante et les témoins ont signé avec nous, après lecture et collation.

(a) Une expédition de l'acte de naissance pourra être demandée sur papier libre en indiquant que c'est pour servir *à reconnaissance*.

S'il y a lieu à délivrance de l'extrait de l'acte de naissance d'un enfant naturel, en marge duquel acte la mention de reconnaissance a été faite, cet extrait ne sera point soumis à la formalité de l'enregistrement.

C'est seulement l'extrait de l'acte de reconnaissance, s'il était demandé, qui exigerait l'accomplissement de cette formalité.

Modèle de mention à mettre en marge de l'acte de naissance de l'enfant reconnu.

Par acte en date du . . . . inscrit sur les registres de l'état civil de la commune de . . . ., l'enfant dénommé en l'acte ci-contre a été reconnu par (prénoms et nom), sa mère.

Certifié conforme par nous, maire de la commune de . . . . *ou* adjoint remplissant par délégation spéciale du maire les fonctions d'officier de l'état civil de la commune de . . . . Cejourd'hui . . . . puis signature.

Copie de la mention ci-contre sera adressée à M. le procureur de la République de l'arrondissement duquel dépend la commune où l'enfant est né, pour être placée en marge de son acte de naissance, sur le double des registres préposé au greffe du tribunal.

(Art. 62 du Code civil).

Observations. — Laissez un espace suffisant, en marge et au-dessous de la mention ci-dessus, à l'effet d'opérer la mention de légitimation pour le cas où l'enfant viendrait à être légitimé par mariage subséquent. Dans cette dernière hypothèse, il y aura lieu d'inscrire à la table annuelle ou décennale, le nom de famille sous lequel l'enfant a été légitimé au-dessous de celui sous lequel il est désigné.

N° 11
(Art. 337 du Code civil).

Autre modèle de reconnaissance d'un enfant naturel né antérieurement au mariage de sa mère.

L'an mil...., le *(même intitulé que l'acte n° 1)*, est comparue (prénoms, nom, âge, profession), épouse de (prénoms, nom, âge, profession), domicilié à .... laquelle nous a déclaré reconnaître pour, *copiez littéralement le surplus de la formule n° 10, et la mention de reconnaissance placée immédiatement au-dessous à inscrire en marge de l'acte de naissance.*

N° 12

Autre modèle de reconnaissance d'un enfant naturel par son père.

L'an mil...., le *(même intitulé que l'acte n° 1)*, est comparu Gustave-Achille B., (âge, profession et domicile), lequel nous a déclaré qu'il reconnaissait pour son enfant, à l'effet de lui conférer les droits que la loi accorde aux enfants naturels reconnus (prénoms et nom de l'enfant), né à ...., le ...., de Marie-Joséphine F., âgée de .... ans, célibataire, (profession), domicilié à ...., ainsi que cela résulte d'un acte de naissance inscrit le .... sur les registres de l'état civil de la dite commune que nous avons vérifiés à l'instant même, entendant, le déclarant, que son fils *ou* sa fille porte à l'avenir les prénoms et nom de .... B. La dite déclaration faite en présence de, *la suite de l'acte comme l'indique la formule n° 10.*

Observations. — Inscrire en marge de l'acte de naissance de l'enfant reconnu par son père, la formule indiquée au-dessous de l'acte n° 10. Si la reconnaissance a lieu dans l'année de la naissance, la mention de cette reconnaissance sera faite, sur les deux doubles des registres en marge de l'acte, par l'officier de l'état civil, et dans le cas contraire, copie devra être transmise à M. le procureur de la République.

Modèle d'un acte de mariage.

N° 13

L'an mil...., le (quantième du mois), à .. heure du .... Devant nous ...., maire et officier de l'état civil de la commune de B., *ou* devant nous ...., adjoint, remplissant par délégation spéciale du maire, *ou* remplissant, par suite de démission *ou* pour cause de décès du maire, les fonctions d'officier de l'état civil de la commune de B., arrondissement de ...., département de ...., étant en la maison commune, sont publiquement comparus, d'une part : Charles-Auguste C., âgé de vingt-cinq ans, cultivateur, domicilié à B. où il est né le ...., ainsi qu'il résulte de son acte de naissance inscrit le (même jour *ou* le lendemain, quantième), sur les registres de l'état civil de la dite commune que nous avons vérifiés à l'instant même, *ou* bien né à G., le .... ainsi qu'il résulte de son acte de naissance inscrit le (même jour *ou* le lendemain, quantième), sur les registres de l'état civil de la dite commune, délivré par extrait en bonne forme, fils majeur de Etienne C., âgé de .... ans, (profession), et de Marguerite D., âgée de .... ans, (profession), ses père et mère, tous deux domiciliés à .... ici présents et consentant au mariage, ou bien fils majeur de Etienne C., âgé de .... ans, (profession), domicilié à .... ici présent et consentant au mariage, et de Marguerite D., âgée de .... ans, (profession), sa mère, domiciliée à .... non présente et dont le consentement a été demandé par acte en date du ...., reçu par Maître ...., notaire à la résidence de .... et dont une expédition est produite en bonne forme. (Si le futur époux est veuf en premières noces, indiquez les prénoms et nom de sa femme, le lieu, la date de son décès). D'autre part : Louise-Adèle G., âgée de vingt-un ans, (profession), domiciliée à B. où elle est née le .... ainsi qu'il résulte de son acte de naissance inscrit le (même jour *ou* lendemain, quantième), sur les registres de l'état civil de la dite commune que nous avons vérifiés

L'article 146 du Code civil décide : qu'il n'y a pas de mariage dès qu'il n'y a pas de consentement.

Et le deuxième paragraphe de l'article 148 du même Code s'exprime ainsi : En cas de dissentiment entre les père et mère, le consentement du père suffit.

Néanmoins pour rendre le mariage régulier et inattaquable, l'un ou l'autre des futurs époux ayant atteint la majorité fixée par le dit article 148 et auquel le consentement est nécessaire, devra, avant de contracter mariage et quelques jours auparavant, demander, par acte notarié, l'acte de consentement respectueux et formel de sa mère, et sur la représentation de l'expédition qui sera mentionnée dans l'acte de mariage, l'officier de l'état civil aura procédé légalement à la célébration.

Pour un mariage ordinaire, si le futur époux est âgé de moins de 25 ans il faudra l'indiquer : fils mineur quant au mariage.

à l'instant même, *ou* bien né à N., le .... ainsi qu'il résulte de son acte de naissance inscrit le (même jour *ou* le lendemain, quantième), sur les registres de l'état civil de la dite commune, délivré par extrait en bonne forme, fille majeure de Victor G., âgé de .... ans, (profession) et de Joséphine L., âgé de .... ans, (profession), ses père et mère, domiciliés à .... ici présents et consentant au mariage. (Dans le cas où le père ou la mère de l'un ou de l'autre des futurs époux ne pourrait assister au mariage de son fils *ou* de sa fille, soit pour cause de maladie *ou* toute autre cause qui l'empêche de se transporter en la maison commune, il y aura lieu d'énoncer, après le domicile de la personne dont le consentement est nécessaire, que celle-ci consent au mariage, par acte en date du .... reçu Maître B., notaire à la résidence de ...., dont l'original du dit acte est produit en bonne forme *ou* par acte en date du ...., dressé par l'officier de l'état civil de la commune de .... dont l'original du dit acte est produit en bonne forme, (*loi du 20 juin 1896*). Lesquels nous ont requis de procéder au mariage projeté entre eux et dont les publications ont eu lieu en cette commune les dimanches (quantièmes du mois), ainsi qu'il résulte des actes inscrits les dits jours sur le registre à ce destiné, et à (autre commune si cela a été nécessaire) les mêmes jours ou autres, ainsi qu'il appert du certificat en date du .... délivré par le maire de la dite commune et produit en bonne forme. Aucune opposition au mariage ne nous ayant été signifiée, faisant droit à la réquisition des parties, après leur avoir donné lecture des pièces ci-dessus mentionnées et du chapitre six du titre cinq du Code civil intitulé DU MARIAGE, nous avons interpellé les futurs époux et leurs pères et mères (*ou* bien les futurs époux et les personnes qui autorisent le mariage) d'avoir à déclarer s'il a été fait un contrat de mariage, à quoi ils ont répondu (négativement) *ou* que les conditions civiles du mariage ont été réglées par contrat en date du ...., reçu par Maître B., notaire à la résidence de .... ainsi qu'il résulte du certificat produit en bonne forme, nous avons ensuite demandé aux requérants s'ils veulent se prendre pour mari et femme et chacun d'eux ayant répondu affirmativement, nous avons déclaré et déclarons au nom de la loi que Charles-Auguste **C.** et Louise-Adèle **G.** sont unis par le mariage. (S'il y a lieu à légitimation d'un enfant naturel) on met : Et à l'instant, conformément à l'article trois cent trente-un du Code civil, les dits époux ont déclaré reconnaître et légitimer pour leur fils *ou* fille (si l'enfant n'est reconnu que par l'un d'eux) et légitimer (seulement) s'il a été reconnu par ses père et mère. (Prénoms et nom de l'enfant), né le ...., à **B.** ainsi qu'il résulte de son acte de naissance inscrit le .... sur les registres de l'état civil de la dite commune que nous avons vérifiés à l'instant même, *ou* bien né à **L.**, le .... ainsi qu'il résulte de son acte de naissance inscrit le .... sur les registres de l'état civil de la dite commune dont un extrait nous est représenté [a]. De tout quoi nous avons rédigé le présent acte en présence de : (prénoms, noms, âge, profession et domicile des quatre témoins, parents *ou* non parents des époux), lesquels, ainsi que les parties contractantes et leurs pères et mères ci-dessus dénommés, si ces derniers sont tous présents, ont signé avec nous aux deux registres à ce destinés, après lecture et collation. (Si l'une *ou* deux personnes figurant dans l'acte ne savent signer) on met : à l'exception (d'un tel et d'une telle qui ont déclaré ne savoir signer de ce interpellés.

[a] Une expédition de l'acte de naissance pourra être demandée sur papier libre en indiquant : que c'est pour servir à *légitimation*.

NOTA. — Tous les extraits, certificats et autres pièces mentionnés dans l'acte de mariage, s'il en existe, seront paraphés par celui des époux qui les aura produits et par l'officier de l'état civil, et resteront annexés aux registres, pour le tout être transmis, au commencement de l'année suivante, à M. le Procureur de la République de l'arrondissement duquel dépend la commune ou à M. le Juge de paix du canton.

Modèle de mention de reconnaissance et de légitimation d'un enfant naturel par mariage, à inscrire en marge de son acte de naissance.

Par mariage en date du ...., contracté à la mairie de ...., l'enfant dénommé en l'acte ci-contre a été reconnu et légitimé *ou* légitimé par Charles-Auguste C. et Louise-Adèle G., son épouse, ses père et mère.

Certifié conforme par nous... (Voir la mention placée au-dessous de la formule de l'acte n° 10, et l'observation indiquée immédiatement après, relative à l'inscription du nom de famille à la table annuelle ou décennale).

N° 14   Autre modèle d'acte de mariage.

L'an mil.... le (*même intitulé que l'acte n° 13*), sont publiquement comparus, d'une part : Simon Grandjean, âgé de .... ans, tailleur d'habits, domicilié à B. où il est né le ...., ainsi qu'il résulte de son acte de naissance inscrit sur les registres de l'état civil de la dite commune le (même jour *ou* le lendemain, quantième), que nous avons vérifiés à l'instant même, *ou* bien né à D., le .... ainsi qu'il résulte de son acte de naissance inscrit le (même jour *ou* le lendemain, quantième), sur les registres de l'état civil de la dite commune, délivré par extrait en bonne forme, veuf en premières noces de Marie-Octavie F., de son vivant (profession), domiciliée à B., où elle est décédée le .... ainsi qu'il résulte de son acte de décès inscrit sur les registres de l'état civil de la dite commune que nous avons vérifiés à l'instant même, *ou* bien domiciliée à C., où elle est décédée le ...., ainsi qu'il résulte de son acte de décès inscrit sur les registres de l'état civil de la dite commune, délivré par extrait en bonne forme, fils majeur de Jean-Charles Grandjean, de son vivant maçon et de Geneviève Gadault, de son vivant (profession), tous deux domiciliés à F. où ils sont décédés, le premier le .... et la deuxième le .... ainsi qu'il résulte de leurs actes de décès inscrits sur les registres de l'état civil de cette dernière commune et produits par extraits en bonne forme, petit-fils du côté parternel de Nicolas Grandjean et de Sidonie Marchand, et du côté maternel de Antoine Gadault et de Françoise Merlin, tous quatre décédés, ainsi que le constatent les actes de décès des père et mère du futur époux. (Vérifiez les actes de décès produits à l'effet de constater si le domicile et le lieu du décès des aïeuls paternels et maternels y sont indiqués ; en cas d'affirmative, les énoncer dans l'acte et en cas de négative, *mettre cette mention :* Le futur époux et les témoins ci-après nommés nous ont affirmé sous la foi du serment que le lieu du décès des aïeuls et aïeules du dit futur leur est inconnu et qu'ils ignorent la date de ces décès et le dernier domicile de ces aïeuls et aïeules). D'au-tre part : Marguerite-Eugénie Papin, âgée de ...., (pro-fession), domiciliée à B. où elle est née le ...., ainsi qu'il résulte de son acte de naissance inscrit le .... sur les registres de l'état civil de la dite commune que nous avons vérifiés à l'instant même, *ou* bien né à P., le .... ainsi qu'il résulte de son acte de naissance inscrit le .... sur les registres de l'état civil de la dite commune, délivré par extrait en bonne forme, fille majeure naturelle reconnue de Claire-Joséphine Papin, âgée de .... ans, profession et domicile), ici présente et consentant au mariage, *ou* consentant au mariage par acte en date du ...; reçu Maître ...., notaire en la résidence de ...., dont l'original du dit acte est produit en bonne forme, *ou* par acte en date du ...., dressé par l'officier de l'état civil de la ville ou de la commune de ...., dont l'original du dit acte est produit en bonne forme, (*loi du 20 juin 1896*). (En cas de décès de la mère, produire l'extrait si l'acte n'a pas été dressé dans la commune où le mariage doit être contracté). Si l'enfant naturel reconnu et celui qui ne l'a pas été a perdu ses père et mère il ne pourra, avant l'âge de vingt et un ans révolus, se marier qu'après avoir obtenu le consentement d'un tuteur *ad hoc* qui lui sera nommé dans la forme prescrite par l'article quatre cent sept du Code civil. Alors il y aura lieu d'ajouter la mention suivante, après la constatation de l'acte de décès de sa mère : Autorisée à contracter mariage suivant délibération de son conseil de famille tenue sous la présidence du juge de paix du canton de . . . ., le . . . ., dont une expédition est produite en bonne forme, la dite Marguerite-Eugénie Papin, (indiquée ici comme mineure), ayant pour tuteur *ad hoc* (prénom, nom, âge, profession et domicile), ici présent et consentant au mariage. *Le surplus de l'acte à rédiger comme l'indique la formule 13.*

Observations. — Dans le cas où le tuteur *ad hoc* ne serait pas domicilié dans la même commune que sa pupille, il faudrait faire les publications prescrites par la loi dans la résidence de sa commune.

<table><tr><td>N° 15</td><td>

Modèle d'acte de mariage d'un militaire en activité de service.

</td></tr></table>

L'an . . . ., le (*même intitulé que l'acte n° 13*), sont publiquement comparus, d'une part : Achille-Gabriel D., âgé de (vingt-cinq ans ou plus), (grade) au (tel régiment d'infanterie, dragons, artillerie, génie, chasseurs, bataillon de chasseurs à pied, etc.), en garnison à . . . ., domicilié à . . . . (un militaire en activité de service n'a ordinairement d'autre domicile que celui de sa naissance *ou* celui dans lequel ses parents résident), né à . . . ., le . . . . ainsi qu'il résulte de son acte de naissance inscrit le (même jour, *ou* le lendemain, quantième), sur les registres de l'état civil de la dite commune, délivré par extrait en bonne forme, autorisé à contracter mariage suivant permission

en date du .... à lui délivré par (indiquez l'autorité soit
par le ministre de la guerre, soit par le général comman-
dant le .... corps d'armée, soit par le conseil d'adminis-
tration du régiment auquel il appartient), la dite permission à nous remise, fils majeur de (prénoms, nom, âge,
profession et domicile des père et mère), ici présents et
consentant au mariage *ou* consentant au mariage par acte
en date du ...., reçu Maître ...., notaire à la résidence
de ...., dont l'original du dit acte est produit en bonne
forme *ou* par acte en date du ...., dressé par l'officier
de l'état civil de la ville ou commune de ...., dont l'original du dit acte est produit en bonne forme, (*loi du 20
juin 1896*). (En cas de décès de l'un des époux, produire
l'acte de décès et le consentement du survivant s'il n'est
pas présent au mariage. S'ils sont morts tous deux, produire les actes de décès. En ce qui concerne les aïeuls
paternel et maternel, *se reporter à la formule n° 14*.
D'autre part : Alice-Isabelle M., âgée de .... ans, (profession), domiciliée à .... où elle est née le .... ainsi
qu'il résulte de son acte de naissance inscrit le (même jour
ou le lendemain, quantième), sur les registres de l'état-
civil de la dite commune que nous avons vérifiés à l'instant
même, *ou* bien née à ...., le .... ainsi qu'il résulte de
son acte de naissance inscrit le (même jour *ou* le lendemain, quantième), sur les registres de l'état civil de la
dite commune et délivré par extrait en bonne forme, fille
mineure *ou* majeure de (prénoms, nom, âge, profession et
domicile des père et mère, etc.), le surplus de l'acte à
rédiger dans la forme ordinaire.

Observations. — Pour les militaires en activité de service, les
publications prescrites par l'article 63 du Code civil doivent être
faites non seulement dans le lieu de domicile de leurs parents
ou de leur lieu de naissance, mais aussi dans les villes où ils
sont en garnison et dans celle qu'ils ont quittée depuis moins de
six mois.

Dans un délai qui ne pourra excéder un mois. l'officier de l'état civil fera parvenir, sur papier libre pour service militaire et dûment légalisée une copie de l'acte ci-contre à l'autorité qui a délivré la permission de contracter mariage.

N° 16 — Intitulé d'un acte de mariage *in extremis* ou pour tout autre cause.

L'an...., le ...., à .. heure du ...., nous ....,
maire et officier de l'état civil de la commune de .... (*ou
bien nous* ...., adjoint remplissant par délégation spéciale, etc., *voir la formule n° 1*). Vu, primo, l'instruction
donnée le onze mai mil huit cent onze, par le ministre de
la justice, sur la célébration des mariages dans le cas où
l'un des époux se trouve dans l'impossibilité d'aller à la
maison commune ; secundo, le certificat délivré le ....,
par le docteur N., demeurant à ...., constatant que
(prénom et nom du futur époux *ou* de la future épouse)
est dans l'impossibilité absolue de sortir de sa chambre,
nous sommes transporté en son domicile en cette commune où nous l'avons trouvé malade de corps, mais sain
ou saine d'esprit, lequel *ou* laquelle nous ayant requis de
procéder à la célébration de son mariage, nous l'avons prononcé et constaté comme suit, après avoir fait ouvrir les
portes de la maison du dit .... *ou* de la dite .... Sont
publiquement comparus, d'une part : *rédigez l'acte en la
forme ordinaire.*

N° 17 — Modèle de transcription du dispositif d'un jugement prononçant un divorce.

La transcription du dispositif du jugement devra être faite dans les cinq jours à partir de la sommation faite à l'officier de l'état civil, à peine de nullité.

L'an mil...., le ...., à .. heure du ...., nous
...., maire et officier de l'état civil de la commune de
...., arrondissement de ...., département de ....,
étant en la maison commune. Pour obéir à la sommation
qui nous a été faite par exploit de l'huissier X., de Z., en
date du ...., représentée en copie, à la requête de (prénoms, nom, profession et domicile), épouse de (prénoms,
nom, profession et domicile du mari), demanderesse,

contre le dit (prénoms et nom du mari), défendeur, *ou bien* : à la requête de (prénoms, nom, profession et domicile du mari), demandeur, contre (prénoms, nom, profession et domicile de sa femme), défenderesse. (Si l'un des époux défendeur a fait défaut), on met : défaillant *ou* défaillante. Avons conformément au prescrit des articles deux cent cinquante-un et deux cent cinquante-deux du Code civil (loi du dix-huit avril mil huit cent quatre-vingt-six), transcrit le dispositif du jugement en date du ...., rendu par le tribunal civil de ...., prononçant le divorce entre les époux B.-A., lequel dispositif est ainsi conçu : Par ces motifs. (Si le jugement est par défaut, il doit l'indiquer) et copiez le dispositif......

S'arrêter à la formule exécutoire : En conséquence, le président de la République française, etc. Puis reprendre les actes d'exécution du jugement qui font suite et y mettre : Lequel jugement, devenu définitif à défaut d'opposition *ou* d'appel, ainsi qu'il résulte du certificat délivré par le greffier du tribunal civil de ...., à la date du ...., a été notifié à avoué par acte du Palais en date du .... si le jugement est contradictoire, s'il est rendu par défaut, mettre : a été signifié à partie par exploit de ...., huissier à ...., en date du ...., comme il est constaté par le certificat délivré le .... par Maître ...., avoué près le tribunal de cette ville et celui de (prénoms et nom du demandeur *ou* de la demanderesse). Les dits jugement, signification et certificats représentés en copie, demeureront annexés au présent acte qui a été écrit sur les deux registres à ce destinés et que nous avons signé, après lecture et collation.

Si l'un des époux demandeur, assisté judiciaire, a besoin de produire l'extrait de l'acte de transcription du jugement qui prononce son divorce pour se remarier, il lui sera délivré sur papier libre et cette pièce devra porter la mention suivante : Pour extrait certifié conforme par nous ...., maire et officier de l'état-civil de la commune de .... et délivré sur papier libre, en exécution de la loi du 22 janvier 1851 et de la circulaire de M. le Garde des sceaux en date du 15 mai 1886.

Lorsque la partie demanderesse sera pourvue de l'assistance judiciaire, il y aura lieu d'énoncer dans la rédaction de l'acte ci-contre cette mention après le domicile : Admis ou admise au bénéfice de l'assistance judiciaire suivant décision du bureau établi près le tribunal civil de .... en date du ....

Annotation à inscrire en marge de l'acte de transcription.
N° ... du registre.
Transcription du dispositif du jugement prononçant le divorce entre .... et ....

S'il y a lieu à délivrance de la copie de l'acte ci-contre, on inscrira la mention suivante au-dessous de l'annotation ci-dessus.

La première expédition de l'acte ci-contre porte cette mention : Enregistré à .... le ....
Et préalablement faire enregistrer cette expédition avant d'opérer la mention ci-dessus.

Modèle de mention à mettre en marge de l'acte de mariage des époux divorcés.

Par acte en date du ...., inscrit sur les registres de l'état civil de la commune de ...., le dispositif du jugement du tribunal civil de ...., en date du ...., qui a prononcé le divorce entre les époux B.-A., dénommés en l'acte de mariage ci-contre, a été transcrit sur les registres de l'état civil de la dite commune.

Certifié conforme par nous ...., maire de la commune de .... cejourd'hui et avons signé.

N° 18

Modèle d'un acte de décès.

L'an mil...., le ...., à .. heure du .... Devant nous ...., maire et officier de l'état civil de la commune de B., *ou* devant nous ...., adjoint remplissant par délégation spéciale du maire *ou* remplissant par suite de démission *ou* pour cause de décès du maire les fonctions d'officier de l'état civil de la commune de B., arrondissement de ...., département de ...., étant en la maison commune, sont comparus (prénoms, noms, âge, profession et domicile des deux déclarants, leur degré de parenté *ou* bien l'un voisin non parent *ou* tous deux non parents ni voisins du *ou* de la décédée), lesquels nous ont déclaré que cejourd'hui *ou* le jour d'hier (quantième du mois), à .. heure du ...., (prénoms, nom, âge, profession et domicile du *ou* de la décédée) né et domicilié à .... *ou* né à ...., domicilié à ...., célibataire *ou* époux *ou* épouse de (prénoms, nom, âge, professsion et domicile du survivant), veuf *ou* veuve de (prénoms, nom), de son vivant (profession), domicilié à .... où il où elle est décédée, fils *ou* fille de (prénoms, nom, âge, profession et domicile des père et mère s'ils existent), fils *ou* fille de (prénoms, noms), de leur vivant (profession) tous deux décédés à .... où ils étaient domiciliés, est décédé dans son domicile

en cette commune. (Si la personne est décédée en dehors
de son domicile, indiquez les prénoms, âge, profession et
domicile de la personne chez laquelle le décès a eu lieu).
Sur cette déclaration, nous officier de l'état civil, après
nous être assuré du décès du dit .... *ou* de la dite ....
dans son domicile *ou* au domicile sus-indiqué, nous avons
écrit le présent acte sur les deux registres à ce destinés et
que les déclarants ont signé avec nous, après lecture et
collation. (Si l'un des déclarants ne sait signer), on met :
à l'exception de .... (prénoms et nom), qui a déclaré
ne savoir signer de ce interpellé.

Autre modèle d'acte de décès d'un enfant âgé de moins de 15 ans révolus.

L'an mil...., le (même intitulé que l'acte n° 18), sont
comparus — (prénoms, nom, âge, profession, père du *ou*
de la décédée ci-après et (prénoms, nom, âge, profession,
degré de parenté, voisin non parent *ou* non parent ni
voisin du *ou* de la dite décédée) — tous deux domiciliés à
...., lesquels nous ont déclaré que le jour d'hier —
quantième du mois, à .. heure du .... *ou* que cejour-
d'hui, à .. heure du ....) — prénoms, nom, âge de
l'enfant, domicilié à .... où il est né le .... (*ou* bien
né à ...., le ...., domicilié à ....) Les renseignements
sont faciles à produire au moyen du livret de famille qui
a été délivré aux père et mère lors de leur mariage, —
fils *ou* fille du premier déclarant et de (prénoms, nom,
âge, profession), — son épouse, domiciliée avec lui, est
décédé dans le domicile de ses père et mère sus-nommés
en cette commune. Sur cette déclaration, nous officier de
l'état civil, après nous être assuré du décès du dit ....
ou de la dite .... au domicile sus-indiqué, nous avons
écrit le présent acte sur les deux registres à ce destinés et
que les déclarants ont signé avec nous, après lecture et
collation.

N° 19

Certains secrétaires de mairie
qualifient les enfants décédés en
bas âge : *de célibataire, sans profession*. Cette qualification ne peut
être énoncé dans l'acte qu'à partir
de 18 ans révolus pour les garçons
et de 15 ans révolus pour les fil-
les, époques auxquelles ils peuvent
se marier.

(*Art. 144 du Code civil*)

Les prêtres et les personnes en
religion ne doivent pas être qua-
lifiés de célibataire dans leur acte
de décès.

N° 20

Autre modèle d'acte de décès.

L'an...., le (même intitulé que l'acte n° 18), sont comparus (prénoms, noms, âge, profession et domicile des déclarants, degré de parenté s'il en existe un) *ou* bien l'un voisin non parent *ou* tous deux non parents ni voisins du *ou* de la décédée ci-après et domiciliés à ...., lesquels nous ont déclaré que (jour, à .. heure du ....), ils ont trouvé sur le territoire de .... lieu dit ...., le corps inanimé de — (prénoms, nom, âge, profession, (célibataire, né et domicilié à .... *ou* domicilié à .... né à ....), — époux *ou* épouse de (prénoms, nom, âge, profession et domicile), veuf *ou* veuve de .... (prénoms, nom, profession de son vivant), domicilié à .... où il est décédé *ou* bien domicilié à .... décédé à ...., fils *ou* fille de (prénoms, noms, âge, profession et domicile des père et mère s'ils existent) et dont la mort remonte, d'après le rapport médico-légal, à .... heures *ou* de .... jours. Sur cette déclaration, nous officier de l'état civil, après nous être assuré du décès du dit *ou* de la dite .... au lieu sus-désigné, nous avons écrit le présent acte sur les registres à ce destinés et que les déclarants ont signé avec nous, aprés lecture et collation.

N° 21

Autre modèle d'acte de décès.

L'an mil...., le (même intitulé que l'acte n° 18), sont comparus (prénoms, noms, âge, profession et domicile des déclarants), non parents ni voisins du *ou* de la décédée ci-après, lesquels nous ont déclaré que cejourd'hui à .... heures du ...., ils ont trouvé sur le territoire de .... lieu dit à ...., le corps inanimé d'un étranger *ou* d'une étrangère à la commune, paraissant âgé d'environ .... ans, taille d'un mètre .... (Si c'est un homme, écrire son signalement) : front élevé *ou* couvert, cheveux noirs, grisonnants *ou* chatains, barbe, moustache, noire *ou* grise, taillée *ou* en broussaille, coiffé d'un chapeau en feutre noir, gris *ou* marron, *ou* chapeau de paille (indiquez la couleur), vêtu d'un paletot en drap *ou* en coutil *ou* d'une blouse bleue *ou* blanche, chemise en fil *ou* en coton, cravatte (s'il en possède une), pantalon (indiquez l'étoffe et la couleur), chaussé (indiquez le genre de chaussures), dans les vêtements duquel ils n'ont trouvé aucun papier pouvant faire connaître son identité, (si c'est le corps d'une femme, indiquez son signalement d'après les éléments ci-dessus) et dont la mort remonte, d'après le rapport médico-légal, à .... heures *ou* de .... jours. Sur cette déclaration, nous officier de l'état civil, après nous être assuré du décès de la personne sus-nommée au lieu sus-désigné, nous avons écrit le présent acte sur les deux registres à ce destinés et que les déclarants ont signé avec nous après lecture et collation.

Si l'identité de la personne décédée est connue d'après les papiers trouvés en sa possession *ou* d'après renseignements fournis, l'acte sera rédigé en la forme ordinaire (voir la formule n° 20) et une expédition du dit acte sera adressée, sur papier libre, à M. le Sous-Préfet de l'arrondissement duquel dépend la commune où le décès a été constaté, pour être transmise au maire de la commune du dernier domicile du *ou* de la décédée. (Art. 80, § 3, Code civil).

Modèle d'acte de décès d'enfant naturel reconnu N° 22

L'an mil...., le (même intitulé que l'acte n° 18), sont comparus — (prénoms, nom. âge, profession et domicile des déclarants (ainsi que l'indique le dit acte) — lesquels nous ont déclaré que le jour d'hier (quantième du mois), *ou* que cejourd'hui, à .... heure du ...., (prénoms et nom de l'enfant), âgé de .... jours, mois *ou* an domicilié à .... où il est né le .... *ou* né à ....., le ...., domicilié à ...., enfant naturel reconnu par (prénoms, nom, âge, profession et domicile de sa mère), célibataire, (si l'enfant a été reconnu par le père lors de sa naissance comme l'indique la formule n° **7** *ou* comme l'indique la formule n° **12**, il y aura lieu d'énoncer les prénoms, nom, âge, profession et domicile de celui-ci), est décédé dans le domicile de sa mère sus-nommée en cette commune, *ou* dans le domicile de (prénoms, nom, âge, profession de la personne chez laquelle le décès a eu lieu). Le surplus de l'acte ainsi qu'il est dit à la formule n° **18**.

N° 23

Modèle d'acte de mariage entre époux divorcés ou l'un d'eux.

L'an mil ...., le (même intitulé que la formule n° **13**). Après avoir énoncé les prénoms, nom, âge, profession et domicile du futur époux, le lieu, la date de sa naissance, les prénoms, noms de ses père et mère (âge, profession et leur domicile s'ils existent et leur consentement), en cas de décès de l'un d'eux ou des deux, le lieu et la date des décès sur la production des expéditions des dits actes, si cela a été nécessaire. (Si le futur époux est veuf en premières noces, indiquez les prénoms et nom de sa femme, le lieu et la date de son décès. S'il a eu lieu dans une commune autre que celle dans laquelle le nouveau mariage va être contracté, il sera nécessaire de produire l'extrait de de son acte de décès). Mettre : époux divorcé de (prénoms, nom, âge, s'il est connu, profession et domicile) suivant jugement en date du .... rendu par le tribunal civil de .... et dont le dispositif a été transcrit le .... sur les registres de l'état civil de la commune de .... (ainsi qu'il résulte d'un extrait ci-joint délivré en bonne forme) ou : que nous avons vérifiés à l'instant même, si le dispositif du jugement est transcrit sur les registres de l'état civil de la commune du lieu où le nouveau mariage va être contracté. D'autre part : (prénoms, nom, âge, profession et domicile de la future épouse), domiciliée à .... où elle est née le .... ainsi qu'il résulte de son acte de naissance inscrit le .... sur les registres de l'état civil de la dite commune que nous avons vérifiés à l'instant même (ou bien domiciliée à .... née à .... le .... ainsi qu'il résulte de son acte de naissance inscrit le .... sur les registres de l'état civil de la dite commune et délivré par extrait en bonne forme), fille majeure ou mineure de ...., etc., etc. (Si la future épouse est veuve en premières noces et divorcée, il y aura lieu de produire l'extrait de l'acte de décès de son premier mari, et mettre pareille mention que pour le futur époux) en cas de négative, rédigez le surplus de l'acte en la forme ordinaire.

Modèle de mention à opérer en marge d'un acte de l'état civil rectifié par jugement.

(Art. 855 du Code de procédure civile.

Par jugement en date du .... rendu sur requête par le tribunal civil de ...., il a été ordonné que l'acte ci-contre serait rectifié en ce sens que : le ou les prénoms de .... sera ou seront substitués à celui ou à ceux de .... sous lequel ou lesquels (prénoms et nom de la personne dénommé dans l'acte) a été désignée par erreur ou bien : qu'il sera ajouté au prénom de *Nicolas* celui de *Pierre* de manière à ce que celui-ci précède le dit prénom de Nicolas, ou bien : que le nom patronymique de .... sera orthographié de cette manière .... Certifié conforme par nous ...., maire de la commune de .... le .... (Signature).

Copie de la mention ci-contre sera adressée à M. le procureur de la République de l'arrondissement pour être placée en marge de l'acte réformé sur le double des registres de l'année 18.. N° ... déposé au greffe du tribunal.
(Art. 49 du Code civil).

Clôture de transcription d'un acte de décès

*Faite en vertu de l'article 80 du Code civil ou d'un jugement
rectificatif de l'état civil en vertu de l'art. 857 du Code de procédure civile.*

Transcrit sur les deux registres de l'état civil de la commune de .... par nous ...., maire et officier de l'état civil de la dite commune, cejourd'hui .... à .... heure du .... et avons signé après lecture et collation.

Aux termes de la loi non abrogée du 11 Germinal an XI, les noms en usage dans les différents calendriers et ceux des personnages connus de l'histoire ancienne, peuvent seuls être reçus comme prénoms sur les registres de l'état civil, et il est interdit aux officiers publics d'en admettre aucun autres dans leurs actes.

N° 24

Modèle d'un acte de mariage par lequel l'acte respectueux a été demandé aux père et mère de l'un ou de l'autre des futurs époux.

(Art. 151 du Code civil modifié par la loi du 20 juin 1896).

S'il ne survient aucune opposition de la part des ayants-droit, il pourra être, à défaut de consentement sur l'acte respectueux, passé outre un mois après la date du dit acte, à la célébration du mariage. *(Loi du 20 juin 1896).*

L'an mil...., le (même intitulé que l'acte n° 13), sont publiquement comparus, d'une part : Antoine-Désiré M., âgé de vingt-cinq ans, (profession), domicilié à B., où il est né le .... ainsi qu'il résulte de son acte de naissance inscrit le . ... sur les registres de l'état civil de la dite commune que nous avons vérifiés à l'instant même, ou bien : né à D., le .... ainsi qu'il résulte de son acte de naissance inscrit le .... sur les registres de l'état civil de la dite commune et délivré par extrait en bonne forme, fils majeur de Claude-Charles M., âgé de .... ans, (profession), et de Marie-Odile G., âgée de .... ans, (profession), son épouse, ses père et mère, domiciliés à B., non présents et dont le consentement a été demandé par acte respectueux en date du .... reçu Maître N., notaire à

a résidence de .... et dont une expédition est produite
n bonne forme. D'autre part : Marie-Léontine B., âgée
e vingt-un ans, (profession), domiciliée à B., où elle est
ée le .... ainsi qu'il résulte de son acte de naissance
scrit le .... sur les registres de l'état civil de la dite
ommune que nous avons vérifiés à l'instant même, ou
ien : née à C., le .... ainsi qu'il résulte de son acte de
aissance inscrit le .... sur les registres de l'état civil
e la dite commune et délivré par extrait en bonne forme,
lle majeure de (prénoms, noms, âge, profession et domi-
le de ses père et mère, etc.) Si c'est la future épouse qui
 demandé le consentement respectueux à ses père et
ère, et en cas de décès de l'un d'eux, au survivant :
ettre la mention relatée ci-dessus, puis rédigez le sur-
lus de l'acte en la forme ordinaire.

La loi du 20 juin 1896 a remplacé ainsi qu'il suit, l'article
52 du Code civil : « S'il y a dissentiment entre des parents
vorcés ou séparés de corps, le consentement de celui des deux
oux au profit duquel le divorce ou la séparation aura été pro-
ncée et qui aura obtenu la garde de l'enfant suffira. »
Comment saura-t-on qu'il y a dissentiment entre les deux
oux ? Ce ne sera que par le consentement de l'un et la som-
ation respectueuse faite à l'autre non pas dans le délai fixé par
rticle 151 modifié, mais quelques jours avant la célébration
 mariage, autrement les dispositions énumérées en l'article 182
 Code civil, qui n'a pas été abrogé, subsistent dans leur entier.
 en sera de même pour les parents non divorcés. (Voir note
acée en marge de la formule n° 13).

LOI DU 20 JUIN 1896.

**Modèle de consentement à donner devant
l'officier de l'état civil.**

N° **25**

L'an mil...., les (jour et mois). Par devant nous ....,
aire et officier de l'état civil de la commune de B., ou
joint remplissant pour cause de démission ou de décès

L'acte ci-contre qui devra être rédigé sur une feuille de timbre à 0.60 centimes, sera soumis à la formalité de l'enregistrement et porté au répertoire, puis légalisé (s'il y a lieu) avant d'être produit à l'officier de l'état civil qui célèbrera le mariage.

du maire les fonctions d'officier de l'état civil de la commune de B., arrondissement de ...., département d....., étant en la maison commune. Ont comparu Jean-Baptiste A., (profession), et Pélagie-Adélaïde B., (profession), son épouse, de lui autorisée, domiciliés ensemble à B., lesquels ont par ces présentes déclaré formellement consenti au mariage que leur fils Eugène-Jean-Baptiste A., âgé de .... ans, (profession), domicilié à B., se propose de contracter avec Céline B., âgée de .... ans, (profession), fille majeure ou mineure de (prénoms, noms, profession des père et mère), domiciliés à B., et autoriser leur fils à réitérer le présent consentement devant l'officier de l'état civil lors de la célébration du mariage.

Dont acte que nous avons rédigé en présence de (prénoms, noms, profession et demeure des deux témoins), lesquels ont signé avec les comparants et nous, officier de l'état civil, après lecture faite.

P. S. — Si c'est le père ou la mère, l'aïeul ou les aïeuls qui donnent leur consentement au mariage de leur fils, fille, petit-fils ou petite-fille, il n'y aura qu'à changer les noms et prénoms des personnes.

MODÈLES DE TABLES ANNUELLES

NAISSANCES

Nᵒˢ d'ordre	Nᵒˢ des actes	NOMS et PRÉNOMS	DATES des naissances	SEXE	LÉGITIMES ou NATURELS
1	3	Ardouin			
2	2	Boulangeot			
3	4	Camuset			
3					

MARIAGES

Nᵒˢ d'ordre	Nᵒˢ des actes	NOMS et PRÉNOMS de l'époux	de l'épouse	DATE du mariage	Faire connaître si le mariage a eu lieu entre garçons et filles, garçons et veuves, veufs et filles, veufs et veuves, garçons et divorcées, divorcés et veuves et divorcés.
1	1	Bouché	Dubois.		
2	6	Dussaigue	Vinot		
3	9	Galinot	Montaigne		
3					

DÉCÈS

Nᵒˢ d'ordre	Nᵒˢ des actes	NOMS et PRÉNOMS des décédés	DATES des décès	AGE	Faire connaître si le défunt est célibataire, marié, veuf ou divorcé.
1	5	Breton.		6 mois	**Enfant**
2	8	Gérome		2 ans	id.
3	7	Hollier.		40 ans	**Marié**
4	10	Laroche		15 jours	**Enfant**
4					

www.ingramcontent.com/pod-product-compliance
Lightning Source LLC
Chambersburg PA
CBHW061649050726
47598CB00004B/1525